BIOGRAPHIE

de

CYVOCT

sa Jeunesse -- son Procès -- sa Condamnation

sa Grâce

10 Centimes

VENTE EN GROS

chez BESSY, libraire, rue du Mail, 6

LYON-CROIX-ROUSSE

1884

Lyon — Imprimerie BERTHET aîné, rue de Chartres, 26 — Guillotière

BIOGRAPHIE DE CYVOCT

CYVOCT est né à Lyon, le 28 février 1861. Ses parents, maîtres tisseurs, appartiennent à cette race de rudes travailleurs pour qui le labeur semble être une joie bien plus qu'une peine. Ils firent donner à leur fils ANTOINE cette éducation cléricale que recevait, il y a encore quelques années, tous les enfants de la classe ouvrière ; elle eut sur le tempérament impressionnable du jeune CYVOCT une influence considérable, et, bien qu'il fut d'une intelligence au-des-us de la moyenne, nous le trouvons en 1881 membre d'un Cercle catholique. Nul à cette époque ne pouvait soupçonner chez ce jeune homme de vingt ans, croyant à Dieu, assistant aux offices et possédant à la caisse d'épargne mille francs déposés sou à sou, l'Anarchiste célèbre dont nous faisons aujourd'hui la biographie.

Un jour de l'année 1882, l'attention de CYVOCT fut attirée par un journal imprimé sur papier rouge, exposé à la devanture d'un libraire lyonnais ; par curiosité il se procura un exemplaire de cette feuille qui n'était autre que le *Droit social*, le premier organe anarchiste qui parut à Lyon. A la lecture de ces pages brûlantes, pleines de plaintes douloureuses, de cris d'angoisse et de menaces terribles, la nature enthousiaste de CYVOCT fut empoignée ; il voulut connaître les rédacteurs du *Droit social*, se lia avec

eux et quinze jours suffirent pour faire du jeune ou-
vrier catholique l'un des plus énergiques et des plus
influents membres du Parti anarchiste.

Il se jeta dans la mêlée avec l'impétuosité des
esprits ardents, et aussi avec l'intolérance des nou-
veaux néophytes : ses discours, curieux assemblage
de périodes boursouflées, exprimant des sentiments
humanitaires dignes d'un quaker, et de menaces vio-
lentes à ses adversaires, étaient toujours agrémentés
d'injures à l'adresse des révolutionnaires non anarchistes.

Pendant six mois, il collabora au *Droit social* et
à l'*Étendard révolutionnaire* qui lui succéda, puis il
devint gérant de cette dernière feuille, gérance qui
attira sur lui les foudres du Parquet et le força à se
réfugier à l'Étranger le 9 octobre 1882.

Il était depuis quinze jours en Suisse lorsque la
ville de Lyon fut mise en émoi par un attentat d'une
gravité exceptionnelle, attentat commis dans des
circonstances des plus mystérieuses. Dans la nuit du
24 au 25 octobre, une bombe lancée par une main
inconnue éclatait dans le sous-sol d'un café restau-
rant connu à Lyon sous le nom de l'*Assommoir*, tenu
par un sieur KŒMGEN et fréquenté par une clien-
tèle composée d'individus appartenant aux Classes
les plus diverses de la Société ; l'effet produit fut
terrible, plusieurs consommateurs furent blessés et
l'un d'eux si grièvement qu'il succomba le lende-
main aux suites de ses blessures.

L'émotion fut immense, principalement à Lyon

les Anarchistes furent accusés par la presse dévouée au pouvoir et par une partie de la population; ils se défendirent, et à leur tour accusèrent la police d'avoir fait le coup. L'accusation était grave, la police répondit en désignant d'abord DESGRANGES, ensuite PEJOT et enfin CYVOCT, comme auteurs ou complices de l'attentat; mais DESGRANGES et PÉJOT arrêtés, furent jugés et condamnés pour affiliation à l'Internationale et non pour participation à l'attentat du Théâtre-Bellecour. CYVOCT, impliqué dans l'affaire, fut condamné par coutumace, sans que l'accusation aie relevée contre lui d'autre délit que celui visé par la loi spéciale du 14 mars 1872.

Il y avait donc lieu de croire que le Parquet avait complètement fait fausse route en portant ses soupçons sur les trois Anarchistes sus nommés, et cette grave affaire commençait à tomber dans l'oubli lorsque, dans le courant du mois de février 1883, une étrange nouvelle circula en France : Un jeune homme nommé METAYER avait été trouvé mourant dans le fossé d'une route, aux environs de Bruxelles au bois de Gaashoren; il avait les jambes et le bas ventre profondément labourés par les éclats d'une bombe dont il était porteur et qui avait fait explosion. METAYER avait été aperçu quelques heures avant l'accident en compagnie de l'un de ses camarades, qui et, recherché aussitôt, fut arrêté et reconnu, malgré le nom d'emprunt qu'il avait pris, pour être CYVOCT. Traduit devant le Tribunal correctionnel de Bruxelles il fut condamné pour usurpation de nom à trois mois de prison.

L'arrestation de CYVOCT en Belgique, dans d'aussi étranges circonstances, avait remis en éveil l'attention du Parquet de Lyon, qui, croyant avoir trouvé des indices rattachant l'affaire du bois de Gaashoren à celle de Bellecour, sollicita du gouvernement l'extradition de CYVOCT ; après de très-courts pourparlers, elle fut accordée, et le jeune anarchiste à l'expiration de sa peine fut amené sous bonne escorte à la frontière et remis aux mains de la Gendarmerie française.

Aussitôt arrivé à Lyon, CYVOCT fut confronté avec les témoins, entre autres les sieurs KŒMGEN et son garçon LEFLO; ceux-ci ne reconnurent pas celui en présence duquel ils étaient mis ; ils déclarèrent que, d'ailleurs, l'individu vu dans l'intérieur du box quelques instants avant l'explosion était rasé à l'exception d'une faible moustache et que CYVOCT portant toute la barbe cela pouvait changer la physionomie.

Un incident d'audience, qui valut à CYVOCT une condamnation pour insulte aux magistrats, l'ayant soumis au régime disciplinaire, il fut rasé et remis en présence des témoins; l'un d'eux le sieur KŒMGEN, déclara cette fois, après beaucoup d'hésitations, croire le reconnaître.

C'est dans ces conditions que CYVOCT fut renvoyé devant la cour d'assises du Rhône, où il comparut le 12 décembre. L'affluence des curieux fut énorme ce jour-là devant le Palais-de-Justice de Lyon, mais un petit nombre de personnes seulement

purent pénétrer dans la salle réservée au public.
Lorsque l'accusé fut introduit, un mouvement immense de curiosité se produisit et tous les regards se portèrent sur lui.

CYVOCT paraît âgé de 23 à 25 ans; il est d'une taille un peu au-dessous de la moyenne, mais bien prise ; l'ensemble de la physionomie est agréable, les yeux noirs ont une fixité étrange démontrant une grande énergie. Il promène son regard sur l'assistance, paraît très-calme et répond d'une voix ferme et assurée aux questions du président, dont nous reproduisons les principales, ainsi que les réponses qui furent faites, parcequ'elles renferment en substance l'accusation et la défense.

Le Président — Les renseignements recueillis sur votre compte sont excellents. Né d'une famille ouvrière très-honnête, qui a su par son travail ramasser une certaine aisance, vous avez reçu une bonne instruction ?

CYVOCT — Cela est vrai.

Le Président — A qu'elle époque avez-vous commencé à fréquenter les réunions anarchistes ?

CYVOCT — Vers le mois de mai 1882.

Le Président — A la date du 13 août 1882, vous êtes devenu gérant de l'*Étendard révolutionnaire* ?

CYVOCT — Oui, j'ai bien pris la gérance à cette époque. Mais je dois dire ici que, bien qu'obligé par la loi sur la presse d'accepter la responsabilité de tous les articles parus sous ma signature de gérant, je n'approuve que le fond de ces théories révolutionnaires et non les moyens préconisés.

Le Président — Dans une réunion tenue dans la salle de la *Perle*, vous avez dit : « L'heure approche où les églises, les châteaux, s'abattront devant la dynamite. »

CYVOCT — Je ne m'en souviens pas et, comme je vous l'ai dit, je n'approuve pas les moyens dont on s'est servi pour mettre en exécution les théories anarchistes.

Le Président — Dans une réunion n'avez-vous pas dit que la dynamite était le seul moyen pour arriver à la liberté ?

CYVOCT — Je nie ce propos.

Le Président, après avoir raconté l'explosion de Bellecour et rappelé ses conséquences, déclare à CYVOCT que depuis le moment de l'attentat la Sûreté était persuadée qu'il était l'un des coupables.

CYVOCT — Ce ne pouvait être moi, puisque j'étais en ce moment à Lausanne. Mes témoins à décharge l'établiront d'ailleurs.

Président. — Vous dites que vous étiez
à Lausanne, chez les époux HERMIN-
[...] pourquoi avez-vous quitté cette retraite et
[êtes-vous] allé à Bruxelles ?

VOGT — Parce que je n'étais pas en
[Su]isse et que j'avais de grande chan-
[ces de trouver] du travail dans un pays industriel
[comme la] Belgique.

Président — Le Gouvernement, con-
[vaincu] que vous étiez l'auteur de l'explosion de
[...] demandé votre extradition. Arrivé
[... vous a]viez une grande barbe et de longs
[cheveux, v]ous avez refusé de vous laisser raser.

VOGT — Je n'ai jamais refusé de me
[raser;] je tenais seulement à être pho-
[tographié avec] ma barbe, le Juge d'instruction
[y] consentit.

Président — A la suite de votre con-
[frontation,] vous avez été rasé de force, de
[confr]onté avec les témoins KŒM-
[... ces] deux-ci vous ont reconnu.

VOGT — Il est impossible, après un
[si long] temps, de reconnaître une per-
[sonne qu'on] n'a vue qu'une fois.

Président — Un de vos amis, qui est
[venu vous] avoir rasé quelques
[quest]ions.

CYVOCT — Je le nie. J'étais à cette époque à Lausanne et non à Lyon. D'ailleurs, M. et Mᵐᵉ HERMINGEN viendront attester que le 23 j'étais à leur compagnie à Genève.

Le Président — Connaissez-vous Mˡˡᵉ MAGDINIER ?

CYVOCT — Je l'ai vu dans les réunions publiques, mais je n'ai pas eu d'autres rapports avec elle.

De cet interrogatoire il ressort que l'accusation se basait uniquement sur les dépositions du sieur KŒMGEN et de son garçon FLO, et que CYVOCT se défendait en établissant un alibi, alibi qui serait prouvé par les dépositions des époux HERMINJEN, avec lesquels il se trouvait le 23 octobre à Genève.

Voici les dépositions de ces témoins principaux, les seules du procès ayant véritablement de l'importance :

Hyacinthe FLO, garçon chez M. KŒMGEN — Le soir de l'explosion, j'ai servi des consommations à trois personnes, deux hommes et une femme, dans le boxe où a eu lieu l'explosion. J'ai été blessé au genou. Je trouve que CYVOCT ressemble à l'une des trois personnes qui soupèrent ensemble.

M. KŒMGEN — J'ai remarqué l'accusé quand il était chez moi parce qu'il traînait pour sortir. Quand je l'ai vu avec sa barbe, j'ai hésité. Mais aujourd'hui je déclare que je le reconnais.

M. KŒMGEN déclare ensuite n'avoir vu CY-VOCT qu'assis dans le box.

CYVOCT — Je prie Monsieur le Président de consulter la déposition de Monsieur KŒM-GEN dans laquelle il déclare m'avoir vu mettre un pardessus gris demie-saison. Il m'a donc vu debout.

M. KŒMGEN — Je n'ai pas dit cela.

L'Avocat général lit la déposition où est contenue la déposition ; le sieur KŒMGEN y dit formellement avoir vu l'accusé mettre un pardessus debout. Par conséquent, cette lecture produit une profonde sensation.

M. KŒMGEN — Je ne crois pas avoir dit cela.

Les époux HERMINJEN de Lausanne, interrogés à leur tour, affirment énergiquement que le 23 CY-VOCT était en leur compagnie à Genève.

Après une lutte oratoire entre le Ministère public et le défenseur de l'accusé, maître LAGUERRE, les membres du Jury rentraient dans la salle de leurs délibérations et en sortaient une heure après avec un verdict déclarant CYVOCT non coupable d'avoir donné volontairement la mort à MIODRE dans la nuit du 22 au 23, mais coupable d'avoir, par machinations et artifices, provoqué à ce meurtre.

La Cour, à son tour, se retire pour délibérer; elle rentre en séance quelques instants après et le Président d'une voix troublée prononce contre CYVOCT la peine de mort. -

A la lecture de cet arrêt, une émotion terrible s'empare des témoins de cette épouvantable scène. Le père du comdamné verse d'abondantes larmes. La mère elle se dresse en face du Tribunal et s'écrie d'une voix stridente « mon fils est innocent, Messieurs, je vous le jure. »

Après les parents de CYVOCT, les plus troublés des assistants sont les jurés; la plupart d'entre eux sont complètement stupéfaits de la condamnation qu'ils viennent d'entendre prononcer et ils déclarent tout haut qu'ils ne croyaient pas que la peine capitale fût la conséquence de leur verdict.

Quand à CYVOCT, c'est avec le plus grand calme qu'il entendit prononcer l'arrêt fatal, et de toutes les personnes présentes il semblait en apparence être le moins ému.

CYVOCT ayant refusé de signer un recours en grâce, cette formalité fut remplie par son père, son défenseur et les membres du Jury, sauf un seul qui refusa sa signature.

Un incident parlementaire fut soulevé en Belgique par Me GENSON, député, chef du parti Libéral-Démocratique ; il échoua dans sa tentative.

Dès lors, la vie de CYVOCT était entre les mains du Président GREVY. Il fit attendre sa décision au malheureux condamné deux mois et demi. Enfin le 21 février, il fit grâce.

Aujourd'hui, CYVOCT attend en cellule son départ pour la Nouvelle-Calédonnie, où il restera parmi les forçats jusqu'au jour où la justice populaire le délivrera.